AF391142

ECOLE

DES ARTS ET MÉTIERS.

TOME II.

IMPRIMERIE DE BRASSEUR AINÉ.

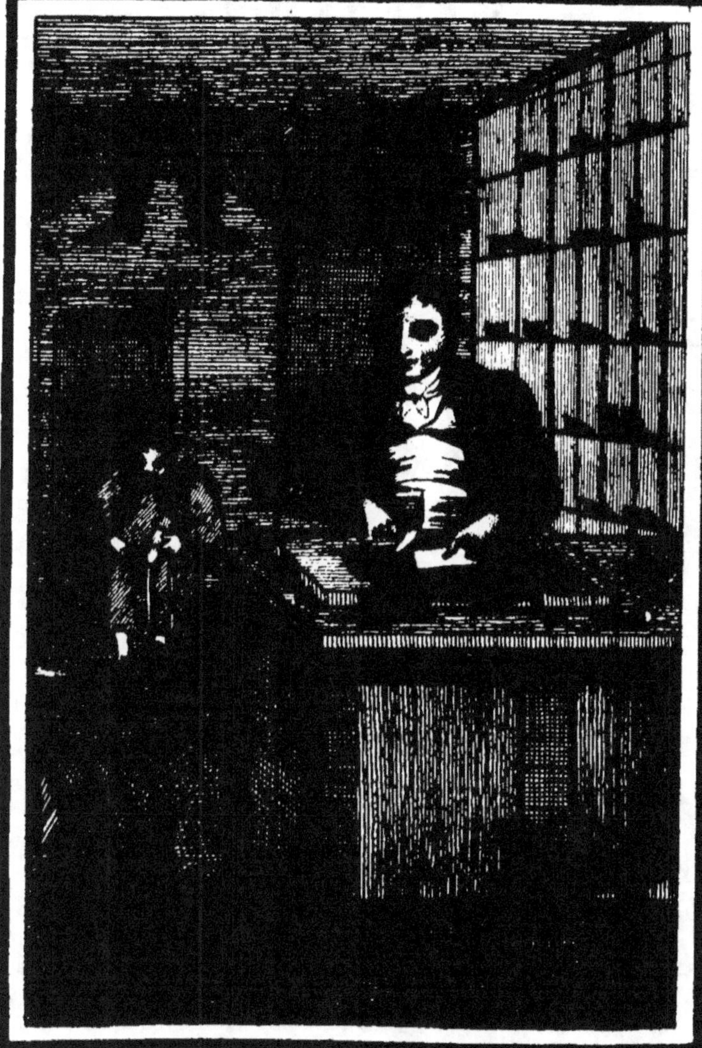

Le Cordonnier.

ECOLE
DES ARTS ET METIERS,

mise à la portée

DE LA JEUNESSE;

Traduction libre de l'anglais

sur la troisième édition,

Enrichie de vingt-cinq Gravures en taille-douce, ainsi que de la Description de différens Procédés nouveaux suivis en Angleterre.

Par T. P. BERTIN.

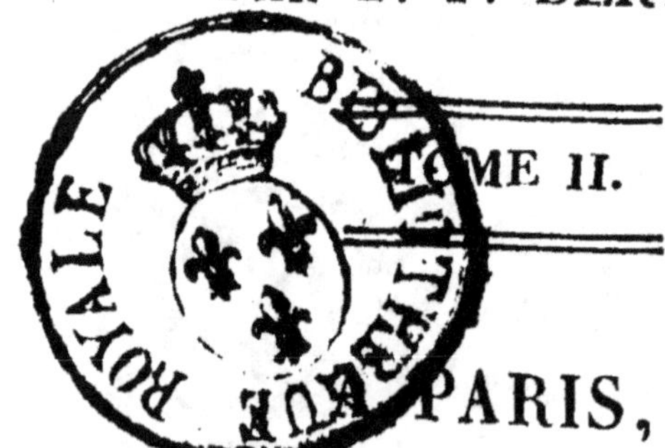

TOME II.

PARIS,

Chez L. DUPRAT-DUVERGER, Libraire, rue des Grands-Augustins, N° 21.

1813.

ECOLE

DES

ARTS ET MÉTIERS.

~~~~~~~~~~~~~~~~~~~~~~~~~~~~~~

LE CORDONNIER.

Il est peu d'états plus utiles que celui de cordonnier, et il n'en est guère qui rapporte plus de profit lorsqu'il a une étendue considérable.
~~~~~~~~~~~~~~~~~~~~~~~~~~~~~~

Il est des cordonniers qui exercent leur profession en chambre, d'autres qui ont de grands magasins où ils exposent aux regards du public des souliers de toutes espèces pour les hommes et pour les femmes, ainsi que des brodequins et des guêtres.

Le maître cordonnier, ou, si celui-ci a un très-fort établissement, son premier garçon prend la mesure des souliers de ses pratiques et coupe le cuir pour le donner aux autres ouvriers. Dans certains cas, surtout à la campagne, il coupe le cuir pour tous les petits cordonniers des pays environnans; il achète alors une peau ou une demi-peau du tanneur, et en fait des semelles ou des empeignes dont il se sert lui-même pour son état, ou qu'il vend à ceux que la faiblesse de leurs moyens ne permet pas de s'approvisionner chez les marchands en gros.

Pour retirer des bénéfices de cette profession il faut posséder des connaissances sur les qualités du cuir, et avoir du discernement pour le couper, de manière qu'il offre le moins de perte possible.

La vignette donne la représentation du maître et de son compagnon : le premier coupe une empeigne de soulier sur un modèle en papier qui la couvre ; un petit poids de plomb est placé sur la peau, à l'un de ses angles, pour l'empêcher de glisser ; à sa gauche est un marteau dont il se sert pour abaisser les parties grossières qui se trouvent dans l'épaisseur du cuir, et à sa droite est une paire de pinces ou tenailles qui sont dentelées, pour qu'elles puissent tenir le cuir quand il s'agit de l'étendre.

Le garçon cordonnier est représenté dans l'action de joindre l'empeigne à la semelle d'un soulier ; sur un banc près de lui sont une alène, un tranchet et une pierre avec laquelle il aiguise ses outils ; devant lui, à sa droite, on voit un marteau et une pierre creuse pour faire prendre au cuir une forme bombée ; de l'autre côté est un baquet rempli d'eau où il a mis de la poix en boules pour cirer son fil.

Tels sont les principaux instrumens nécessaires à sa profession. Il coud le cuir avec du fil ciré, et en forme une substance solide et durable. Comme il ne se sert pas d'aiguille, il attache à l'extrémité de son fil une soie de cochon ou de sanglier qui, guide le fil à travers le trou fait dans le cuir avec son alêne.

Les ouvriers de cette profession se distinguent en cordonniers pour femme et cordonniers ou bottiers. Il en est peu qui puissent suivre ces deux états avec avantage : il faut beaucoup d'adresse pour établir des souliers de femme, parce que plus les étoffes sont propres, plus les coutures doivent être délicatement faites.

Le cordonnier emploie des femmes pour border les souliers

de toutes espèces, et pour coudre ensemble les quartiers de ceux qui sont faits en satin et autres étoffes de soie.

Les souliers et les bottes se font sur des formes de bois tendre qui se taille avec l'instrument que nous avons décrit à l'article du brossier ; le même homme qui fait les formes fait aussi les talons de bois pour les souliers de femmes ; les formes pour les souliers se font d'un seul morceau de bois taillé de manière à imiter le pied ; mais celles qui sont faites pour les bottes, et qui se nomment *embouchoirs*, se séparent en deux parties, entre lesquelles on introduit un coin lorsque l'on veut en élargir la tige.

L'histoire nous apprend que les juifs, longtemps avant l'ère chrétienne, portaient des souliers de cuir ou de bois; ceux de leurs soldats étaient quelquefois de cuivre ou de fer; les souliers des Grecs, auxquels on donnait le nom de brodequins, allaient jusqu'au milieu de la jambe; les Romains se servaient de deux espèces de souliers, le *calceus,* qui couvrait entièrement le pied et qui avait à peu près la forme de nos souliers, et la *solea* ou *sandale,* qui ne couvrait que la plante du pied et était attachée avec des cordons de cuir. Le calceus se portait avec la toge lorsque l'on sortait, et l'on mettait les pantoufles ou les sandales lorsque l'on allait en voyage ou qu'on allait assister à quelque fête. Les citoyens d'un rang ordinaire chaussaient des souliers noirs, et les femmes en portaient de blancs; les principaux magistrats de Rome se chaussaient en souliers rouges les jours de cérémonies.

En Europe les princes por-

taient, il y a mille ans, des souliers dont l'empeigne était de cuir
et la semelle de bois; sous le
règne de Guillaume le Roux les
souliers des grands seigneurs
avaient de longs bouts pointus
rembourés d'étoupes et tortillés
comme des cornes de bélier. Le
clergé déclama en chaire contre
ces pointes, dont la mode conti-
nua à se maintenir jusque sous
le règne de Richard II, où elles
furent attachées sur le genoux
avec des chaînes d'argent ou
d'or. Le parlement à la fin inter-
vint par un acte rendu dans l'an-
née 1463, et prohiba l'usage des

souliers ou des bottes avec des pointes qui excédaient la longueur de deux pouces, et il fut défendu aux cordonniers, sous les peines les plus graves, d'en faire qui ne fussent pas conformes aux dispositions de l'acte dont on vient de parler.

Les cordonniers emploient beaucoup de maroquin, qui est une peau de chèvre préparée avec de la noix de gale ou du sumac, et auquel on donne la couleur que l'on juge à propos. On se sert aussi de maroquin pour couvrir des malles et des nécessaires, pour relier des livres et pour différens ouvrages qui exigent de la propreté.

On dit figurément et familièrement qu'un *homme n'a pas de souliers,* pour dire qu'il est fort pauvre; et pour donner à entendre qu'on ne se soucie pas du tout de quelque chose, on dit proverbialement qu'*on ne s'en soucie non plus que de ses vieux souliers;* on dit proverbialement *que les cordonniers sont les plus mal chaussés,* pour dire que souvent ceux qui sont d'une profession négligent d'en faire usage pour eux-mêmes.

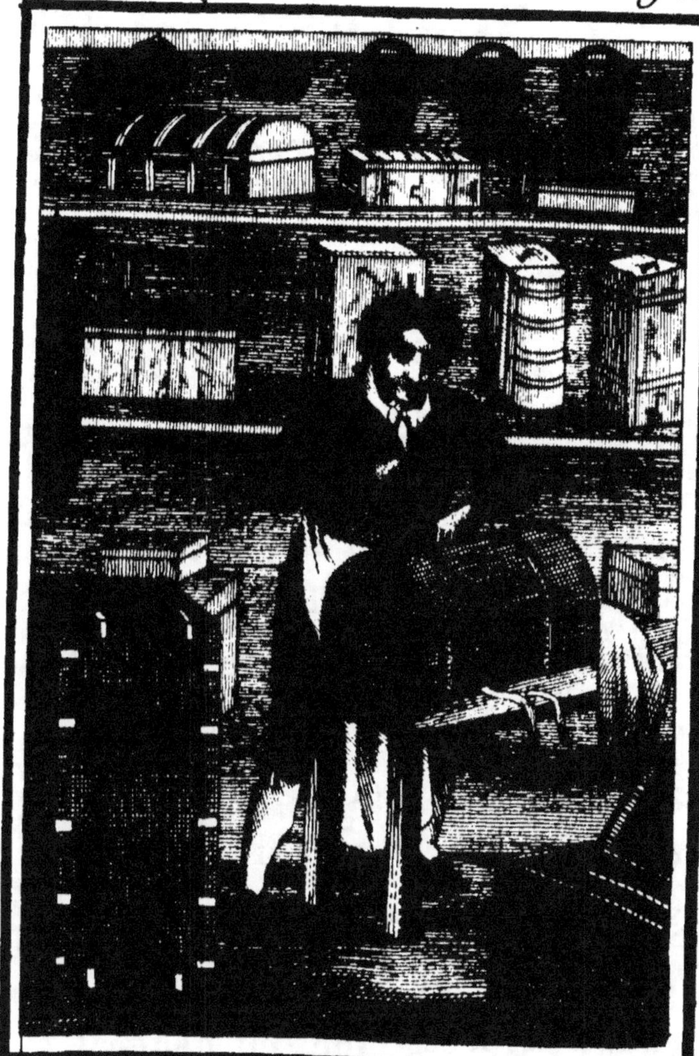

Le Coffretier.

~~~~~~

LE COFFRETIER.

Les personnes employées dans cette profession font des malles, des coffres, des caisses, des porte-manteaux, des étuis et des nécessaires pour serrer de la vaisselle plate, des couteaux, etc.

Les malles, dont il est beaucoup d'espèces, sont en général faites de planches couvertes en
~~~~~~

cuir ou avec des peaux de cheval et d'hippopotame, dont le poil est endessus; elles sont doublées de toile ou de papier.

Il est des malles, comme celle par exemple à laquelle travaille l'ouvrier représenté dans la vignette, qui ont un certain nombre d'équerres servant à leur donner de la solidité. Celles qui sont d'un fini plus achevé sont ornées de plusieurs rangs de têtes de clous de cuivre doré; telle est celle que l'on voit dans l'angle gauche de la vignette : celle qui se trouve dans l'angle opposé, et qui est représentée ouverte

est divisée en plusieurs compar-
timens et doublée de drap ; elle
est destinée à contenir un service complet de vaisselle plate,
qui s'envoie ordinairement chez
le banquier par les personnes
auxquelles elle appartient, lorsqu'elles vont à la campagne :
cette mesure de précaution a
pour but la sûreté de l'argen-
terie.

Les malles que l'on voit sur
des planches sont destinées à
contenir du linge à la maison ou
à le transporter en voyage ; elles
s'attachent devant ou derrière
la voiture avec des courroies de

cuir et des boucles ou avec des chaînes.

Il a été pris il y a quelques années à Londres un brevet d'invention pour une nouvelle méthode d'attacher les malles et les valises derrière les chaises de poste, de manière à défier les manœuvres les plus rusées des voleurs, qui, aux approches de la capitale, épient l'arrivée ou le départ des voitures pour en enlever les malles.

Les porte-manteaux et les va-lises se font en cuir ; on les place dans les voitures ou sur la croupe des chevaux derrière le cavalier ;

elles peuvent contenir une très-grande quantité de linge et sont d'un usage très-commode.

Les seaux qui sont suspendus au plafond sont d'un cuir bouilli très-fort; ils servent à éteindre le feu lorsqu'il a pris à quelque édifice.

La plupart des maisons considérables à la campagne, en Angleterre, ont cinquante ou soixante de ces seaux, ainsi que des pompes à feu en cas d'accident; mais il arrive ordinairement, par la négligence des domestiques, que, si le feu prend, ni les seaux ni les pompes à feu ne sont en état de préserver l'édifice des flammes.

On élève quelquefois l'eau des puits les plus profonds avec un certain nombre de seaux attachés à une chaîne ou à une corde, et qui, au moyen d'une roue, sont descendus dans l'eau et remontés pleins.

Les coffretiers se servent souvent, pour les ouvrages qui exigent de la propreté, de chagrin, espèce de cuir fait ordinairement d'une peau de poisson, que l'on expose à l'air après l'avoir couverte de graines de moutarde que l'on écrase dessus.

Le meilleur chagrin vient de Constantinople; il est extrêmement dur, mais lorsqu'on l'a fait tremper dans l'eau il devient très souple et convient parfaitement aux personnes qui font des nécessaires.

Il se revêt de toutes les couleurs que l'on veut lui faire prendre, et a été souvent contrefait avec du maroquin, auquel on donne la ressemblance du chagrin; mais il s'écaille, ce qui n'arrive jamais au chagrin.

On dit proverbialement qu'*un homme s'entend à faire quelque chose comme à faire un coffre,* pour dire qu'il ne s'y entend pas du tout.

On dit aussi proverbialement *il raisonne comme un coffre,* pour dire qu'il raisonne mal. *Trousser une malle* est une expression proverbiale qui signifie enlever par surprise et promptement.

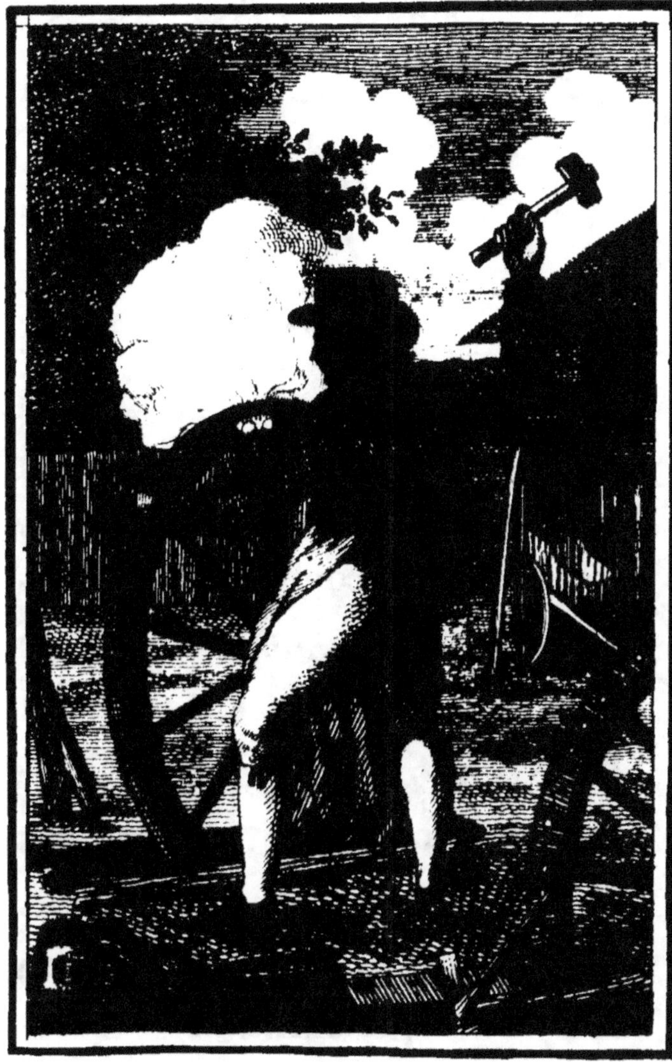

Le Charron.

LE CHARRON.

LE métier de charron consiste à faire des roues de voiture.

La roue se compose de différentes parties, telles que le moyeu, qui en est le centre, et les rayons ou rais qui vont s'enchâsser dans les jantes : ces trois parties constituent une roue. Pour donner de la solidité au tout on emploie du fer.

Le moyeu est un gros morceau

de bois taillé en olive et placé au centre de la roue ; il est percé d'un trou par lequel il reçoit l'essieu : on en voit un représenté au coin gauche de la vignette. Il y a un certain nombre de trous destinés à recevoir les extrémités des rais ; lorsque les rais sont entrés dans le moyeu on les ajuste dedans les jantes. Chaque jante doit être d'une longueur suffisante pour recevoir deux rais, de sorte que s'il y a douze rais dans une roue elle doit avoir six jantes.

Le moyeu a ses extrémités extérieure et intérieure entourées de cercles de fer appelés cordons et frettes; ils servent à empêcher qu'il ne se fende ou qu'il ne s'use par le frottement. Les bandes sont fixées sur les jantes avec des clous à têtes très-fortes. On fait chauffer les différentes parties des bandes avant de les placer sur les roues, pour qu'elles en brûlent la superficie ou au moins toutes les inégalités qui pourraient les empêcher de poser à plat sur le bois; il est plus aisé, d'ailleurs, quand elles sont dans cet état, de les faire ployer et prendre la courbure de la roue. Un autre avantage qui résulte de l'usage de faire rougir les bandes, c'est que le fer prend de l'expansion quand il est chaud, et qu'en refroidissant il se contracte ou se raccourcit, et que les bandes, en se rétrécissant, font joindre ensemble les différentes parties des jantes. Pour que l'ouvrier puisse se trouver au-dessus de son ouvrage, il place la roue dans une espèce de fosse pratiquée dans son atelier ou sa boutique ; le moyeu repose sur les côtés de cette fosse, de sorte qu'il n'y a que la moitié de la roue qui soit au-dessus de sa surface. Le charron représenté dans la vignette est occupé à fixer la bande sur la roue, dont le bois s'enflamme et donne beaucoup de fumée. Les grandes tenailles qui sont à ses pieds lui servent à tirer le fer tout chaud de la forge, et à le placer sur les jautes.

La hache que l'on **voit** debout contre l'autre roue est recourbée comme celle d'une doloire et lui sert à creuser les jantes.

En creusant ou en chantournant ainsi le bois des jantes pour leur faire prendre une forme circulaire, les fibres du bois se trouvent coupées et leur force en est singulièrement affaiblie;

pour remédier à cet inconvé-
nient, on a trouvé le moyen de
courber le bois en grume, c'est à
dire celui qui n'est ni débité, ni
scié, et qui a encore son écorce.
La périphérie ou le cercle de
la roue ne se compose alors que
de deux jantes qui sont fixées
par des tenons, des mortaises et
par la bande. Au moyen de ce
mode de construction cette cir-
conférence est également forte
sur tous les points, et plus solide
que celle des roues faites, à la
manière ordinaire, quoiqu'elle
n'emploie que la moitié du bor
de celles-ci.

Dans les campagnes les charrons font aussi des charrettes, des fourgons et des tombereaux; le bois dont ils se servent le plus souvent est l'orme; ils emploient aussi le chêne. Leur profession est très-pénible, et elle exige des personnes qui l'exercent une forte constitution.

L'orme dont se servent les charrons est fort utile pour faire des billots ou hachoirs, en ce qu'il n'est pas sujet à s'*émietter*. Les sculpteurs s'en servent pour exécuter des feuillages et autres ouvrages de fantaisie.

Les ouvrages du charron ont

donné lieu aux proverbes sui-
vans :

On dit figurément et familièrement *pousser à la roue,* pour
dire aider à quelqu'un à réussir
dans une affaire.

On dit figurément *la roue de
la fortune,* pour signifier les ré-
volutions et les vicissitudes dans
les événemens humains : *les uns
montent, les autres descendent;
ainsi va la roue de la fortune.*

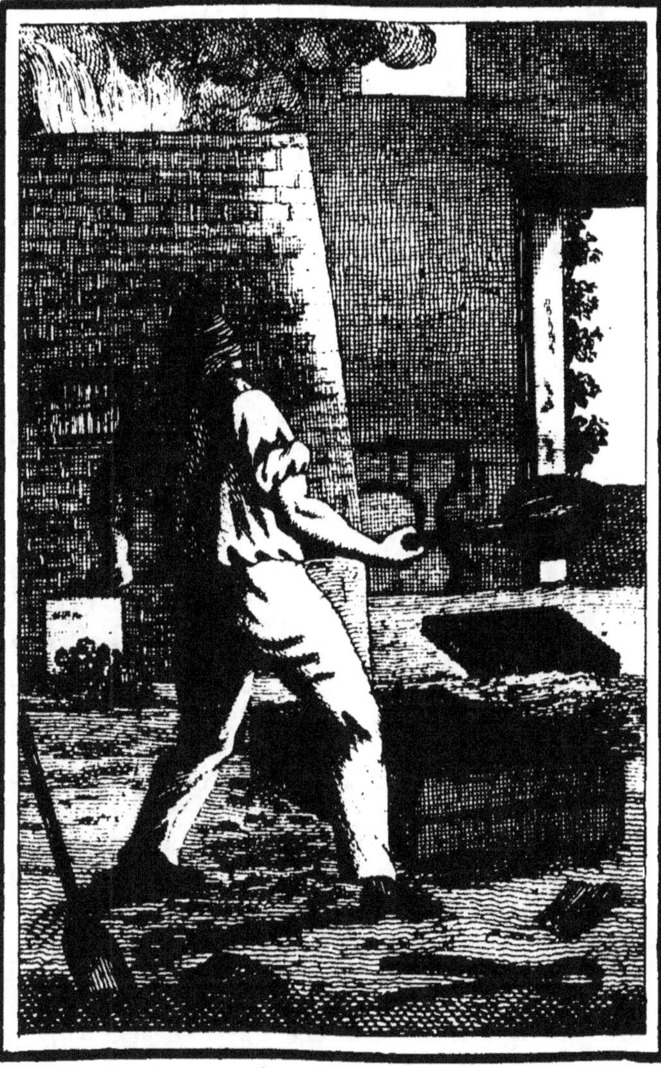

Le Fondeur en fer.

~~~~~~

LE FONDEUR EN FER.

—

Quoique le fer ne soit pas regardé comme le métal le plus précieux ; on l'emploie dans trois états différens, qui tous ont des propriétés particulières, d'après lesquelles il peut s'appliquer à des usages variés.

Le premier de ces états est le *fer fondu*, le second le fer *mal-*
~~~~~~

léable ou travaillé, le troisième
l'*acier*.

Nous allons ici parler de la
forge ou fonderie, c'est à dire
d'unemanufacture de fer fondu
dont nous avons la description
dans la vignette : l'ouvrier fondeur vient de retirer du fourneau une cuillerée de métal liquide, avec lequel il est peut-être
prêt à couler le devant d'un
four ou tout autre article qui est
moulé dans le sable ; il est aisé
de concevoir que cette profession exige beaucoup de force
et une constitution capable d'en-
durer une grande chaleur.

Le fer se tire des entrailles de la terre sous la forme de pierre; on l'appelle dans cet état *minerai*. Les mines les plus riches sont celles qui contiennent le métal le plus pur; le minerai alors est pesant et d'une couleur rouge tirant sur le brun.

Avant qu'on en puisse retirer du fer il faut le faire griller ou calciner; cette opération se fait par différens procédés. Dans les forges de Staffordshire, aussitôt que le minerai est tiré de la terré on le calcine en plein air avec du charbon de terre en poudre ou du charbon de bois pour le réduire en petites parties ; ce procédé emploie trois jours. Mais à Forest-Dean, dans le comté de Gloucester, le minerai est calciné dans des fourneaux semblables à des fours à chaux ; on les remplit jusqu'au faîte de charbon et de minerai, en ayant soin de mettre alternativement un lit de charbon et un lit de minerai ; le feu se met au lit de charbon d'en bas, et il continue de brûler jusqu'à ce que le charbon soit entièrement consumé. Par ce moyen le minerai se brocarde facilement ; mais le métal n'est point fondu.

On le porte ensuite à la forge pour y opérer sa fusion, c'est à dire pour extraire le métal de la gangue. La forge, telle qu'elle est représentée dans la vignette, est bâtie en briques; elle a environ vingt-quatre pieds sur toutes ses faces, et près de trente pieds de haut endedans; le milieu ou la partie la plus large de cette forge n'a pas plus de huit ou dix pieds; son sommet et sa base étant rétrécis, elle affecte à peu près la forme d'un œuf. Derrière la forge sont fixés deux soufflets que fait mouvoir une roue placée sur un courant d'eau, et ils sont disposés de manière à jouer tour à tour, l'un donnant son souffle lorsque l'autre s'élève. Ces soufflets sont construits d'après le plan de M. Wilkinson, c'est à dire de manière à produire un vent continuel. On a pratiqué dans la forge des trous que l'on ouvre à volonté, et par lesquels on peut enlever les scories et faire couler le métal.

Le fourneau est rempli de minerai et de charbon et quelquefois de pierres à chaux, qu'on y ajoute comme flux. Le minerai s'affaisse par dégrés dans la partie la plus échauffée du fourneau

où il se fond , et les parties métalliques, comme ayant le plus de
pesanteur, tombent au fond, où
il y a un passage pour enlever
les scories. Aussitôt qu'il y a une
quantité suffisante de métal dans
un état complet de fusion, **on le
fait couler par une ouverture**
dans des sillons creusés dans un
lit de sable immense qui se trouve
devant l'entrée du fourneau; la
grosse masse qui occupe le plus
fort sillon se nomme *gueuse;* on
donne le nom de *gueusillons*
aux autres. Le métal est ordinairement si chaud en sortant du
fourneau qu'il coule à une très-

grande distance, et qu'il bout pendant quelque temps dans le sable.

Le fondeur retire le métal du creuset ou du fourneau dans des larges cuillers, d'où il le verse dans des moules de sable très-fins pour en faire des plaques de cheminée, des âtres de four, des poêles, etc. Lorsqu'une fois la forge est allumée on la tient dans cet état pendant plusieurs mois de suite sans souffrir que le feu se relâche de sa vivacité ni le jour ni la nuit, et on continue de l'entretenir de combustible et de minerai jusqu'au faîte pendant plusieurs mois.

La chaleur excessive et long-
temps soutenue des fourneaux
mine peu à peu les ouvrages en
briques; leurs côtés ou parois de-
viennent incapables de supporter
le poids du métal fondu, et quelquefois on en a vu crever tout à
coup et laisser échapper un tor-
rent de flamme liquide; il est
bon par conséquent d'éteindre
le feu, quelque somme qu'il en
coûte pour le rallumer, et d'exa-
miner et réparer le fourneau.

Trois tonneaux ou six mille
livres de fer sont quelquefois
mis en fusion dans l'espace de
vingt-quatre heures avec le se-

cours des soufflets, tandis que la simple chaleur du charbon allumé, si elle n'était aidée de leur souffle, ne parviendrait pas à en mettre un quintal en fusion dans le même espace de temps.

Quand le fer, après avoir coulé du foyer par l'ouverture qu'on y a faite et après s'être refroidi, est bien homogène et aigu dans ses extrémités et dans ses coins, que le fer même est parsemé de petits points gris, on regarde cela comme un signe indiquant qu'on a saisi la véritable proportion entre la mine et les charbons ; mais s'il est troué et spongieux, c'est une marque qu'on aurait dû employer plus de mine.

On moule aujourd'hui la fonte de manière à en obtenir les ouvrages les plus délicats, et l'on en obtient à Berlin des empreintes de médailles aussi pures que celles en cuivre.

Le mot *fonte* est quelquefois employé au figuré, comme le prouve ce vers :

« Remettez, s'il vous plaît, ces deux
    vers à la fonte. »

On dit qu'un tableau est d'*une belle fonte,* pour dire que les passages des teintes sont suffisamment liés.

L'IMPRIMEUR
EN TAILLE-DOUCE.

LES principaux objets nécessaires à cette profession consistent dans un gril, de l'encre
et une presse qui diffère de
celle employée par l'imprimeur
en caractères en ce qu'elle est
pourvue de cylindres. L'art de
l'imprimerie en taille-douce doit

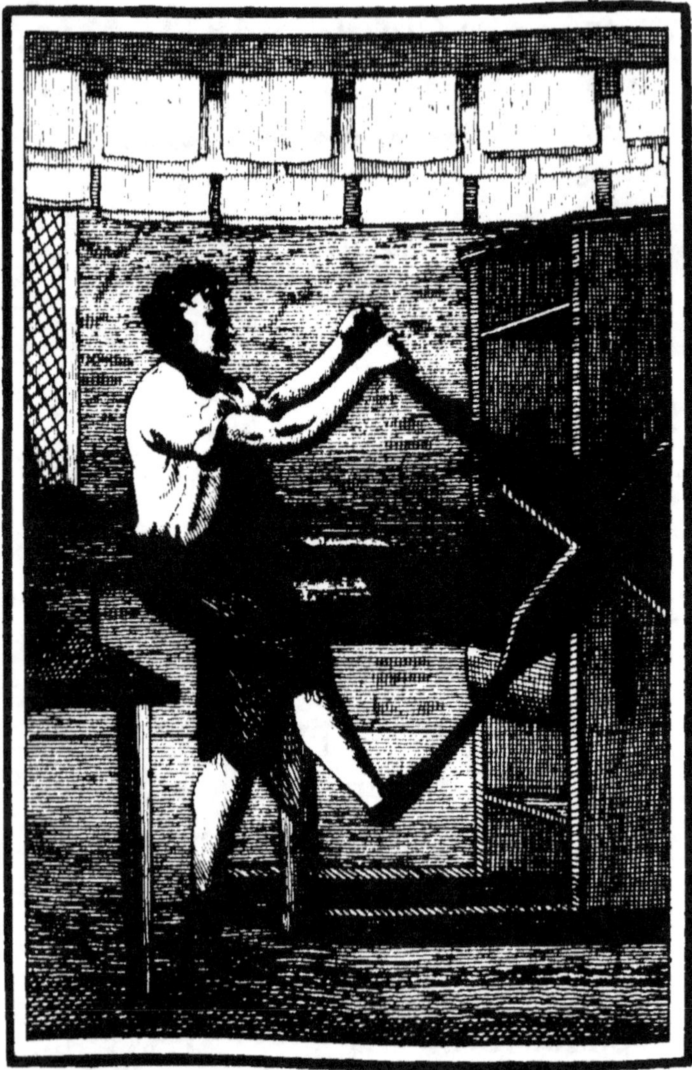

l'Imprimeur en taille douce.

son origine à un hasard. En 1460 un orfévre de Florence versa un jour du soufre fondu sur une planche gravée, et trouva l'impression exacte de la gravure sur le soufre quand il fut refroidi; il essaya d'en faire autant sur des plaques d'argent avec du papier mouillé, en le passant au rouleau, et ce procédé eut tout le succès qu'il désirait; de là le principe des presses à cylindre. Cet art ne fut pratiqué en Angleterre que sur la fin du règne de Jacques Ier.

La presse à cylindre peut se distinguer en deux parties : le *corps* et le *train.* Le corps consiste en deux jumelles ou deux piliers joint à leurs extrémités par des traverses, et placées perpendiculairement sur un soc en bois qui soutient toute la presse. De ce pied ou soc s'élèvent quatre autres pièces perpendiculaires jointes encore par des traverses; ce train sert à soutenir un plateau de bois uni, sur lequel on place la planche gravée.

Les jumélles supportent deux cylindres dont les extrémités, qui sont beaucoup plus petites que le corps, se nomment *tenons,* et tournent dans les jumelles entre deux pièces de bois taillées en demi-lunes, et doublées de fer poli, pour qu'elles ne s'usent pas par le frottement.

Les espaces laissés par les tenons sont remplis avec des cartons que l'on peut lever et baisser à volonté pour ne laisser que la place nécessaire au passage de la table chargée de la planche, du papier et des étoffes, qui consistent en une peau de cygne et un morceau de drap très-large.

A l'un des tenons du cylindre supérieur est attachée une *croisée,* qui consiste en deux leviers dont les bras donnent le mouvement à ce cylindre; celui-ci le communique au cylindre inférieur, et par ce moyen la table est tirée en avant et en arrière.

La meilleure encre qui s'emploie par cette profession se tire de Francfort-sur-le-Mein, et on la nomme *noir de Francfort*; elle vient en pains. L'imprimeur en taille-douce la broie avec une molette sur un marbre; il se sert aussi dans cette partie de son état d'un couteau à palette.

La presse et l'encre étant préparées, l'imprimeur prend une

petite quantité de cette encre sur un tampon fait de chiffons, avec lequel il *encre* toute la surface de sa planche, pendant qu'elle est sur un gril chauffé par du *poussier* de charbon (1).

Lorsque la planche est suffisamment encrée, l'imprimeur l'essuie d'abord avec un chiffon, puis avec la paume de la main, qu'il a frottée auparavant avec du blanc d'Espagne.

Le grand art de l'imprimeur en taille-douce consiste à bien

(1) Le gril, le tampon, etc., sont représentés au côté gauche de la vignette qui accompagne cette description.

essuyer la planche sans ôter l'encre de la gravure. Lorsque la planche a reçu ces préparations, on la place sur la table de la presse; on étend sur la planche la feuille de papier que l'on a eu soin d'humecter auparavant; on appuie sur les bras des leviers, et par ce moyen la planche et tout ce qu'elle supporte passe entre les cylindres ; elle est, comme nous l'avons dit, couverte d'une peau de cygne et d'un morceau de drap très-large. Les leviers, en pressant également et avec beaucoup de force, contraignent le papier d'entrer dans les traits du burin dont ils enlèvent l'encre.

Il est des planches auxquelles on est obligé d'appliquer deux tours de presse ; un seul tour suffit à d'autres lorsqu'elles ne sont pas gravées profondément, ou lorsque la gravure n'a besoin que d'une teinte légère.

Dès que le tirage des gravures dont on a besoin est terminé, on humecte d'huile les cuivres afin qu'ils ne s'oxident pas, et on les range de côté pour de nouvelles impressions.

Une gravure profondément gravée peut tirer trois à quatre

mille estampes, et on fait ensuite retoucher la planche pour de nouvelles éditions.

Le comte Stanhope a, dit-on, introduit un tel perfectionnement dans l'art de la gravure, qu'un imprimeur en taille-douce peut obtenir sans retouche dix mille exemplaires d'une gravure.

De cette manière les tableaux et les dessins des grands maîtres se multiplient à un nombre infini, et les amis des arts sont à même, dans toutes les parties du globe, de jouir des avantages dont leur situation paraissait les avoir privés.

Les impressions faites par l'imprimeur en taille-douce se nomment estampes, images, et l'on dit familièrement et figurément d'une belle personne, mais qui n'a guère d'action, qui n'est guère animée, que *c'est une image, une belle image.* On dit encore proverbialement d'un enfant fort retenu et fort posé, qu'*il est sage comme une image.* Enfin on dit par plaisanterie à quelqu'un : *Vous avez bien fait, vous aurez une image.*

LE PEINTRE.

CET artiste peint des portraits, des tableaux historiques, des paysages, des marines, etc. Il est des peintres qui ont un talent décidé pour un genre, d'autres qui se distinguent dans un autre; mais il est rare qu'un peintre excelle dans tous, ou même dans plus d'un ou de deux.

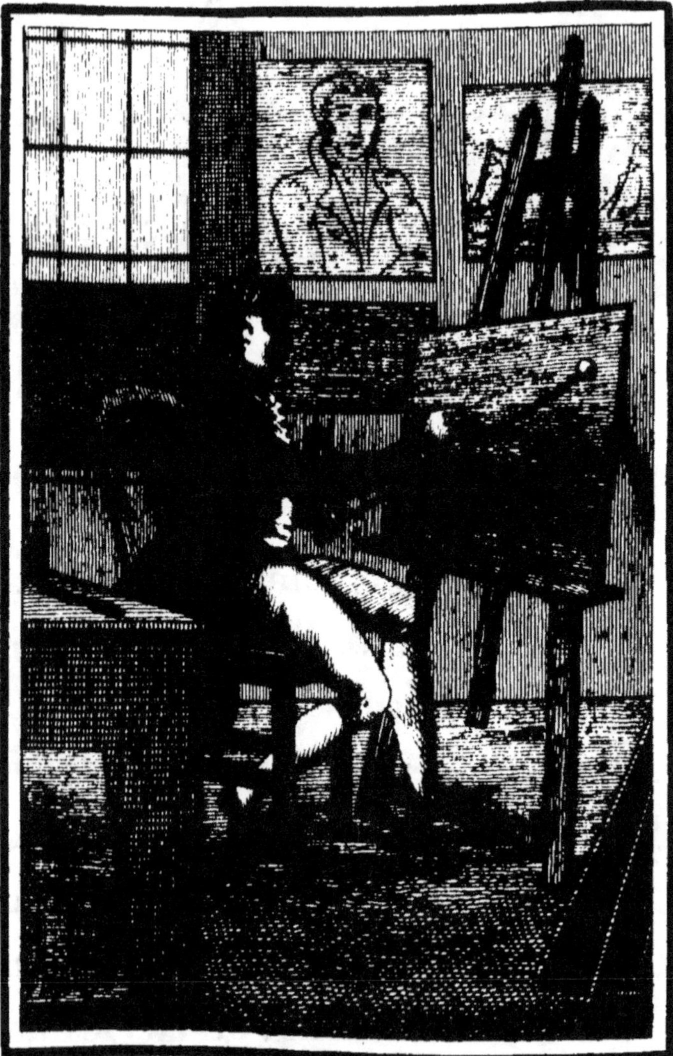

Le Peintre.

Un peintre en portraits de grandeur naturelle peut quelquefois peindre l'histoire ; mais un artiste qui peint en miniature ne connaît souvent aucun autre genre de sa profession ; d'autres peintres, qui excellent dans presque tous les genres, n'ont aucune idée des marines, qui exigent beaucoup de connaissances nautiques.

Les instrumens nécessaires dans cet art sont un marbre et une molette pour broyer les couleurs, opération qui se fait quelquefois avec de l'huile et quelquefois avec de l'eau ; de là la distinction de *peinture à l'huile* et de *peinture en pastel.* Le peintre a aussi besoin d'une palette et d'un couteau ; celui-ci sert à enlever la couleur du marbre, et la palette, qui est formée d'acajou ou de coudrier, est cette tablette sur laquelle l'artiste met ses couleurs pour s'en servir. Les pinceaux se font avec du poil de chameau, de putois ou de blaireau.

La baguette que le peintre tient dans sa main a environ une verge de long ; à son extrémité est du coton, enveloppé d'un morceau de peau très-douce, de peur qu'elle n'écorche le tableau ; le peintre appuie sa main droite sur cette baguette pour la soutenir. Le canevas ou la toile sur laquelle se peint le tableau se place sur un châssis de bois appelé *chevalet*, et qui au moyen de trous et de chevilles, se lève et se baisse à la hauteur désirée.

Les bénéfices d'un peintre ne peuvent être limités; il est payé suivant son talent et la célébrité qu'il a acquise. Il est des artistes de cette profession qui demandent cent guinées d'un morceau de leur composition, dont un autre peintre d'un mérite inférieur ou moins connu du public se trouverait fort heureux d'obtenir la vingtième partie.

On dit proverbialement d'un homme qui est fort mal dans ses affaires, *qu'il est gueux comme un peintre*. On dit encore familièrement et proverbialement d'un homme qui après avoir bu recommence à boire, *qu'il s'achève de peindre*.

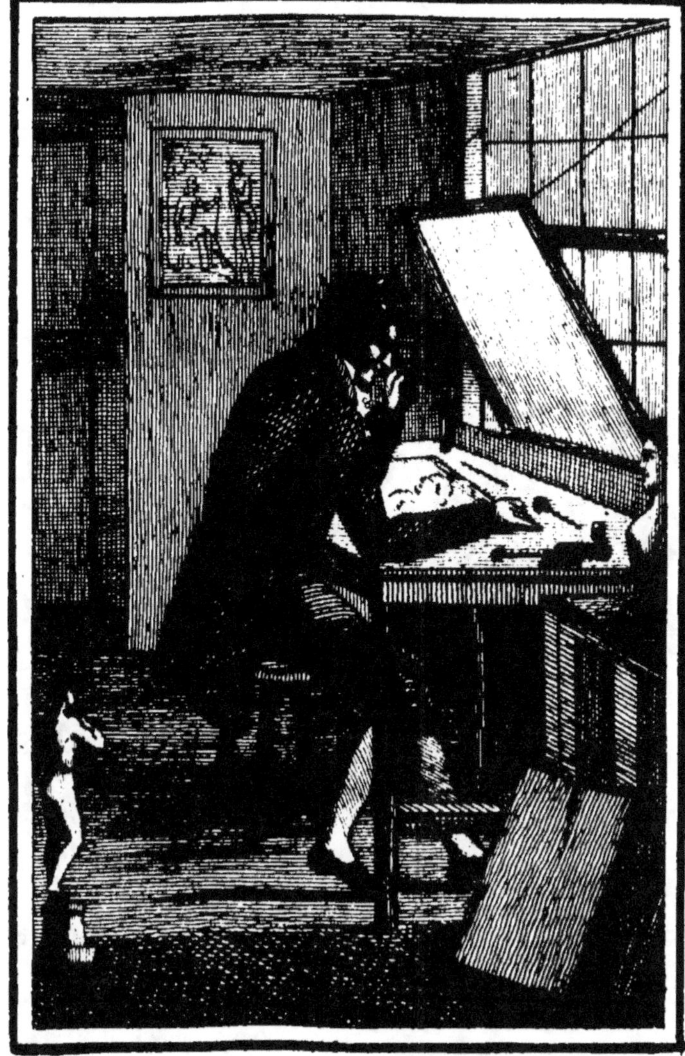

le Graveur en taille douce.

LE GRAVEUR
EN TAILLE-DOUCE.

L'ART de graver sur cuivre sert à représenter différens sujets, tels que des tableaux d'histoire, des portraits, des paysages, etc., soit d'après des peintures, soit d'après des dessins. Il y a trois manières de graver ; la première est au burin, la seconde à la pointe sèche, et la troisième à l'eau-forte.

Les instrumens nécessaires pour graver sont le burin, le grattoir, le brunissoir, la pierre à l'huile et le coussin.

Les burins sont des outils d'acier trempés, montés sur un manche de bois; ils sont ou carrés ou taillés en losange; les premiers servent à former des tailles très-larges, les autres à en faire de plus faibles et de plus délicates.

Le grattoir est un instrument à trois angles ou trois tranchans, que le graveur emploie pour enlever l'ébarbure laissée par le burin.

Le brunissoir sert à diminuer la trop grande profondeur des traits, ou à enlever les raies et les défauts du cuivre.

Le graveur repasse sur la pierre à l'huile ses burins ; il se sert encore de charbon pour polir son cuivre.

Il place sa planche sur son coussin pour avoir la faculté de la tourner en tous sens ; mais ce coussin ne sert guère qu'aux graveurs en lettres et en médailles.

Lorsque le graveur en taille-douce s'est pourvu de tous ses instrumens, la première chose qu'il doit faire c'est d'étendre son dessin sur la planche. Pour cet effet il la couvre d'une couche ou pellicule de cire vierge ; il calque alors le tableau ou le dessin sur du papier avec du crayon noir ; il étend ensuite ce papier sur la planche, en ayant soin de mettre le côté crayonné sur la cire ; il le presse de manière que, lorsqu'il retire le papier, l'empreinte du dessin reste sur la cire. Alors il prend une pointe très-aiguë, et trace à travers la cire le dessin sur le cuivre; cette opération faite, il fait chauffer la planche, en enlève la cire, et finit la gravure au burin.

La pointe sèche, ainsi appelée parce que le graveur ne s'en sert que lorsque le fond du tableau est achevé, ne s'emploie que pour des ciels, des draperies et des parties extrêmement légères.

La gravure à l'eau-forte est celle dont les tailles, au lieu d'être faites au burin, sont corrodées par l'eau-forte ou l'acide nitreux, et voici la manière dont on s'y prend. On fait chauffer la planche à un degré de chaleur modéré, puis on la couvre d'une couche de vernis, que l'on noircit ensuite à la fumée d'une bougie.

Lorsque la planche est ainsi disposée et qu'on l'a laissée re-froidir, l'opération dont on doit s'occuper est de transporter le dessin sur le cuivre. Pour cet effet on le calque sur du papier huilé avec une plume et de l'encre dans laquelle on a mis du fiel de bœuf; on frotte ensuite une autre feuille de papier avec du blanc d'Espagne ou de céruse, et on l'étend sur le cuivre vernis, en ayant soin que le côté blanc se trouve sur la planche. C'est sur cette feuille que doit être placé le papier huilé qui a le calque, et que l'on fixe avec de la cire sur le cuivre.

Quand cette opération est terminée, on passe sur toutes les lignes du calque avec la pointe émoussée d'une aiguille, et par ce moyen les traits en sont transportés sur le côté de la planche qui a été verni.

La planche se trouve alors disposée pour qu'on puisse la graver dans les traits dont elle est marquée. Pour cet effet on se sert de pointes à graver ou d'aiguilles, en appuyant peu ou beaucoup, suivant le degré de force exigé dans les traits.

On fait ensuite autour de la planche une bordure avec de la cire pour contenir l'eau-forte que l'on verse dessus, et on y laisse cet acide nitreux jusqu'à ce que l'opération soit achevée. L'effet de l'eau-forte est la partie la plus incertaine du procédé, et l'expérience seule peut mettre une personne à même de savoir quand l'acide nitreux a suffisamment mordu sur la planche. Lorsque l'eau-forte a séjourné assez longtemps sur le cuivre pour former les traits qui doivent être les plus faibles, on décante ce liquide, on lave la planche, on la fait sécher, et l'on couvre ces traits de vernis fait de térébenthine et de noir de fumée que l'on étend dessus avec un pinceau. Lorsque ce vernis est sec, on peut verser de nouveau sur la planche l'eau-forte, pour qu'elle morde dans les autres traits qui sont destinés à avoir plus de profondeur.

Lorsque l'eau-forte a suffisamment mordu la planche, on en retire la bordure en cire et le vernis; on nettoie le cuivre, et on en fait tirer une empreinte

par l'imprimeur; cette impression se nomme *épreuve*.

Dans presque toutes les gravures en cuivre faites au trait,
on se sert de l'eau-forte et du
burin; l'acide nitreux la commence, et le burin la finit. Le
paysage, l'architecture et les ma-
chines tirent un grand secours
de la gravure à l'eau-forte; elle ne
peut pas s'appliquer de même aux
portraits et aux sujets d'histoire.

Le châssis qui est suspendu
devant la fenêtre du graveur est
destiné à tempérer l'éclat de la lumière, qui, si elle était trop vive,
nuirait beaucoup à son travail; ce

châssis consiste en quatre lattes ou tringles réunies à leurs extrémités et couvertes des deux côtés de papier huilé.

Les gravures les plus estimées en Angleterre sont celles de Woolett, de Nyland, d'Ogbome, de Smith, de Bartolozzi et de Strange; mais celles de France leur disputent la supérioté. Il n'y a rien qui efface le mérite des Edlink, des Balechoux, des Drevet, des Audran, des Roger, des Desnoyers, des Dien et des Grateloup. Le procédé de ce dernier artiste est encore ignoré.

On dit figurément *graver*

*quelque chose dans sa mé-
moire, dans son cœur,* pour
dire imprimer fortement dans
sa mémoire, dans son esprit,
dans son cœur. On dit encore
*que d'ordinaire les bienfaits
sont marqués dans le sable, et
les injures sur l'airain.*

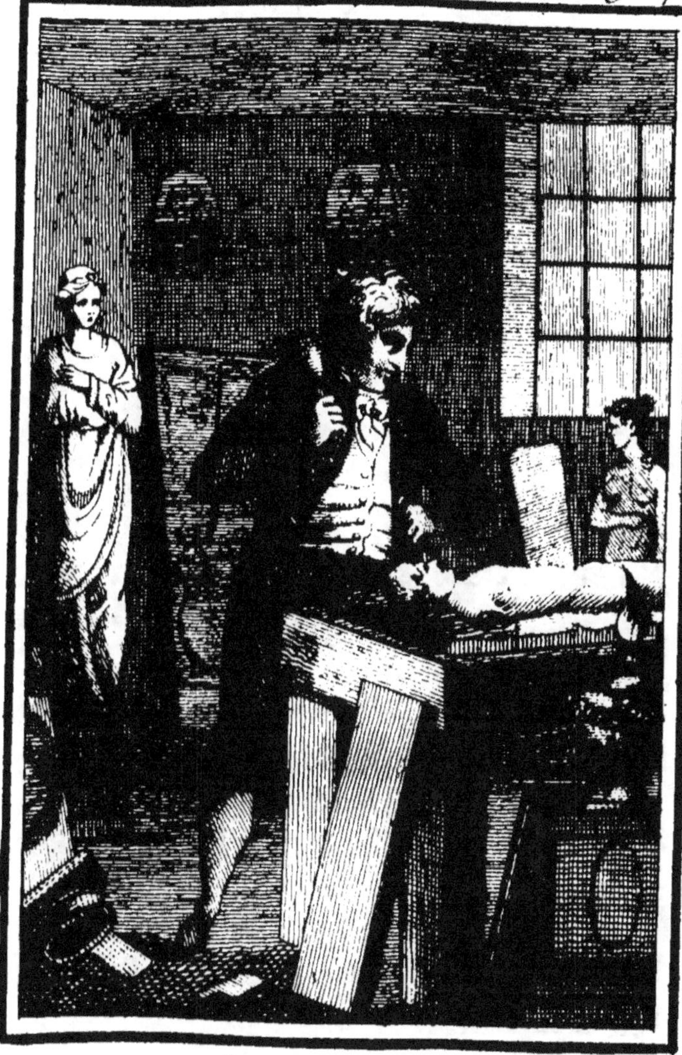

Le Statuaire.

LE STATUAIRE.

Cet artiste sculpte des figures en pierre, en marbre, etc. La sculpture est un art dans lequel les anciens ont excellé sur les modernes. Phidias a été le plus grand statuaire parmi les premiers, et Michel-Ange parmi les derniers.

Le sculpteur forme avec le

ciseau des statues de différentes substances, telles que la pierre, le stuc, et quelquefois elles se fondent en métal, particulièrement en or, en argent, en cuivre et en plomb.

Lorsqu'une statue doit être sculptée en marbre ou en pierre, il faut tracer un dessin sur le sujet que l'on se propose d'exécuter; on fait ensuite un modèle, en étendant une masse de terre glaise sur une planche, et en lui donnant la forme désirée avec des couteaux et des spatules; quelquefois le modèle se fait sans dessin, et quelquefois la pierre se sculpte sans l'emploi d'un modèle.

Le marbre ou la pierre se sculptent avec un ciseau d'acier et un maillet, ainsi que le représente la vignette. Quelquefois la statue n'est pas faite d'un seul morceau, mais de plusieurs, qui lorsqu'ils sont finis se fixent ensemble avec un ciment fait de poudre d'albâtre calciné. On le mêle avec de l'eau jusqu'à ce qu'il ait atteint la consistance du beurre; il est en très peu de temps aussi dur que le marbre et aussi solide. Les bénéfices d'un sculpteur varient comme ceux du peintre.

Le marbre de Paros est celui qui a le plus de renommée, et comme il est très blanc, la plupart des statues de la Grèce en sont faites. On le nomme aussi marbre *statuaire*, et l'on présume en général qu'il tire son nom de l'île de Paros, l'une des Cyclades de la mer Ægée, où il a été trouvé. Quelques écrivains cependant prétendent qu'il tire son nom d'Agoraticus Parius, fameux statuaire, qui lui donna de la célébrité en formant de ce marbre une statue de Vénus.

Parmi le grand nombre de statues faites avec cette substance, est celle de Laocoon et de ses deux fils, dont Pline fait mention, et qui, après avoir échappé aux injures du temps, se trouve aujourd'hui, après l'Apollon du Belvédère, le plus beau morceau qu'on admire au musée de Paris.

Presque tous les marbres blancs prennent aujourd'hui le nom de *marbre de Paros,* et les ouvriers leur donnent celui d'albâtre, quoiqu'ils viennent d'Italie, d'Espagne, de France, etc.; il se trouve aussi du marbre dans ces pays, mais en petites quantités.

Dédale a été regardé comme

l'inventeur des statues ; mais il est certain qu'il a existé des statuaires avant lui. Il fut néanmoins le premier qui trouva le moyen de les faire paraître animées. Avant lui on faisait des statues dont les pieds étaient joints ensemble ; il les détacha, et leur donna l'attitude de personnes qui marchent et qui agissent.

Les statues se distinguent ordinairement en quatre espèces. Les premières sont celles qui ne représentent que la moitié du corps : on les appelle *bustes*. Telles sont pour la plupart les

statues des grands hommes, des
rois et des dieux eux-mêmes.
Les secondes sont celles de grandeur naturelle; c'est avec celles
de cette espèce que les anciens
cherchaient encore à immorta-
liser des hommes d'un savoir et
d'un mérite éminens, ou à représenter les divinités de la
fable. Les plus estimées en ce
genre sont l'Apollon du belvé-
der et la Vénus de Médicis, qui
excellent tous les ouvrages modernes, à l'exception peut-être
des deux Terpsichores du célèbre
Canova, que l'on voit au Musée
de Paris. Les troisièmes sont

celles qui excèdent la grandeur naturelle ; ces dernières étaient beaucoup plus fortes ; on les nommait colosses ou statues colossales. La plus étonnante d'entr'elles était le colosse de Rhodes, l'une des merveilles du monde, statue d'Apollon en airain, et si haute que les vaisseaux passaient à pleines voiles entre ses jambes ; c'était l'ouvrage de Charès, qui avait passé douze ans à la faire.

La profession du sculpteur, ses ouvrages, les instrumens dont il se sert, et les matériaux qu'il emploie ont donné lieu aux expressions proverbiales et figurées suivantes : on dit figurément d'une personne sans action et sans mouvement que *c'est une sta-tue.* On dit d'un habile sculpteur *qu'il a le ciseau admirable;* d'un homme inhumain, qu'*il a le cœur dur comme le marbre.*

LE BRASSEUR.

LA profession du brasseur est de la plus haute antiquité; mais elle a été portée à un très haut dégré de perfection dans notre pays. Différentes contrées se sont rendues célèbres par leur bière, et le porter de Londres (bière forte) est très-renommé. Quelque disparité qu'il y ait entre ces différentes espèces de liqueurs,

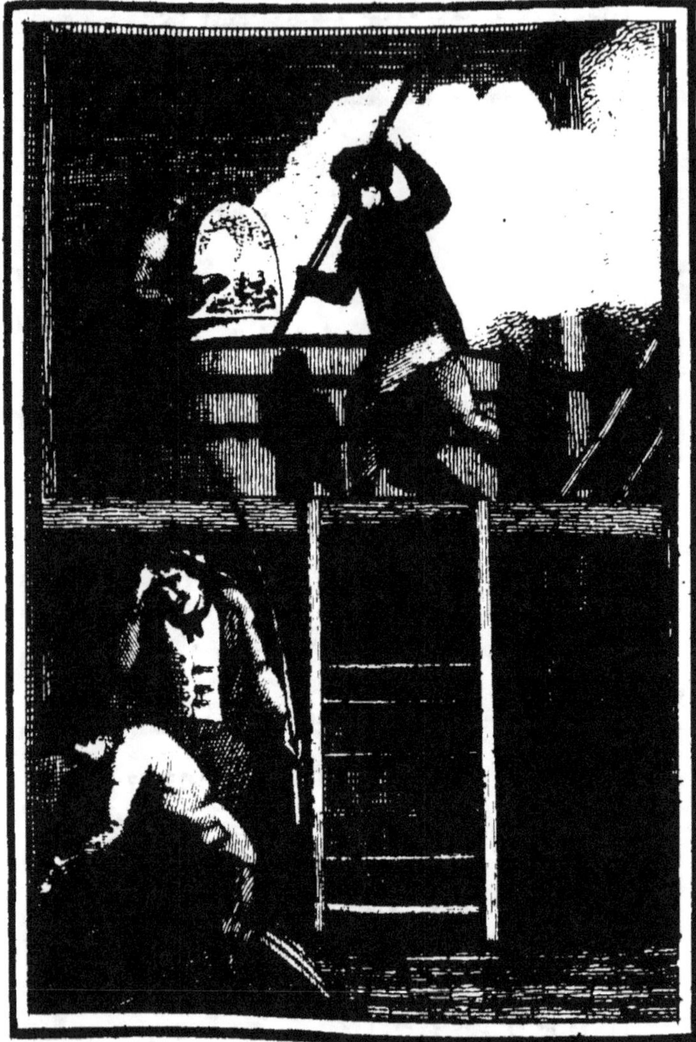

Le Brasseur.

elles sont composées des mêmes
ingrédiens, qui ont souffert des
préparations différentes.

La bière se compose en général d'eau, de houblon, de
drêche et d'un peu de levure de
bière. Le talent principal du
brasseur consiste à trouver les
proportions de chaque ingré-
dient, et de connaître à quel degré de chaleur l'eau doit être
élevée avant qu'on la verse sur la
drêche.

Il existe deux espèces différentes de drêche ou d'orge ger-
mé; elles se distinguent par la
couleur; on les nomme *drêche*

brune et *drêche* pâle. Cette couleur dépend du degré de chaleur employé pour la faire sécher à la touraille, espèce de four. La drêche que l'on fait sécher à un feu doux ne diffère que très-peu par sa couleur de celle de l'orge ; mais si on l'expose à une température plus élevée, elle acquiert une couleur plus foncée, c'est-à-dire celle d'un rouge brunâtre.

Lorsque la drêche a passé à la touraille, il faut la moudre grossièrement dans un moulin, ou, ce qui paraît encore meilleur, la broyer entre deux cylindres ;

dans cet état elle passe entre les mains du brasseur.

La première partie de cette opération se nomme mettre dans la *cuve-matière*, espèce de cuve semblable à celle représentée dans la partie supérieure de la vignette.

Elle est pourvue d'un faux fond, percé de petits trous à la distance de sept à huit pouces du véritable fond ; il y a deux ouvertures latérales dans l'espace qui sépare ces deux fonds ; par l'une l'eau est introduite dans dans la cuve-matière, et elle en est extraite par l'autre.

Après que l'on a mis la drèche
sur le faux fond de cette cuve,
l'eau que l'on a dû élever à
un degré de chaleur convenable
y est introduite ou transvasée
par le moyen d'un tuyau laté-
ral, de la chaudière contenue
dans le massif en pierres où
l'eau commence par remplir
l'espace qui se trouve entre le
fond plein et le faux fond ; puis
s'ouvrant un passage dans le
faux fond, elle pénètre dans la
drèche, et lorsque toute l'eau est
écoulée le procédé de *la trempe*
commence. Le but de cette partie
de l'opération est d'effectuer un

mélange parfait de la drêche
avec l'eau, de manière que la
partie sucrée du grain puisse être
extraite de l'orge par le fluide.
Pour cet effet la masse est continuellement mise en mouvement, et remuée avec des instrumens pareils à celui que tient
l'ouvrier représenté dans la vignette. Ces instrumens se nomment *fourquets;* ce sont des
espèces de pelles de fer ou de
cuivre, percées dans leur milieu
de deux grands yeux longitudi-
naux. L'autre ouvrier est occupé
à arranger le feu sous la chaudière.

Dans les grandes brasseries, telles que celles de Cheswell-Street, le procédé de la trempe ne peut pas se faire par des hommes ; on l'effectue en conséquence avec une machine que l'on fait mouvoir avec le secours d'une pompe à feu ; aussitôt que la trempe est finie on couvre la cuve pour empêcher que la chaleur ne s'échappe, et on la laisse dans cet état jusqu'à ce que toute la partie sucrée de la drèche en soit extraite.

On ôte alors la tape ou bonde placée au côté de la cuve, et l'on *donne avoi;* c'est-à dire que l'on fait couler dans la chaudière les *métiers,* ou la liqueur sans houblon.

La chaleur de l'eau employée pour opérer la trempe doit être de cent quatre-vingts degrés du thermomètre de Farenheit. Avant que la partie sucrée de la drèche n'en soit entièrement extraite, on est dans l'usage de verser dessus trois eaux; mais le brassin que l'on retire de la première est le meilleur; la proportion de la drèche à l'eau dépend de la force de la liqueur dont on a besoin : on peut faire de la petite bière très-bonne avec trente *gallons* d'eau (cent-vingt pintes) par boisseau de drèche, et l'on obtient un excellente aile d'un boisseau de drèche sur cinq ou six gallons d'eau.

Lorsqu'on a donné avoi aux *métiers*, il faut faire bouillir la liqueur avec une certaine quantité de houblon : plus on y met de houblon, plus la liqueur est forte ; on laisse bouillir le tout jusqu'à ce que, en prenant un peu de bière, on trouve qu'elle est remplie de petits flocons semblables à du savon caillé.

La chaudière d'ébullition reste

découverte dans les petites brasseries ; mais dans celles d'une
grande importance on y ajuste
un couvercle qui reste à demeure
et qui la ferme hermétiquement ;
ce couvercle est percé à son
centre d'un trou que traverse
un tuyau cylindrique, et qui va
par plusieurs embranchemens
communiquer avec la cuve-matière. La vapeur produite par
l'ébullition, au lieu d'être per-
due, s'introduit dans l'eau froide
de cette cuve, la pénètre et
l'échauffe à un degré suffisant
pour opérer la trempe sans aucune dépense additionnelle de

combustible ; la vapeur emporte aussi avec elle le parfum du houblon, qui, lorsqu'on suit un autre procédé, se dissipe dans l'air.

Lorsque la liqueur a suffisamment bouilli on la tire dans différentes cuves peu profondes, dans lesquelles on la laisse assez refroidir pour qu'on puisse la soumettre à la fermentation. La liqueur ou la bière qui se fait avec de la drêche pâle ou légèrement grillée, et dont on peut faire usage sur-le-champ, n'a besoin d'être portée qu'au 75e ou 80e degré de froid au thermomètre de

Farenheit ; on peut par conséquent la fabriquer dans tous les
mois de l'été ; mais celle qui est
destinée à être gardée long-temps
ne doit pas excéder la chaleur
du 65e ou 70e degré de Farenheit
(35 ou 40 de Réaumur) quand on
veut en opérer la fermentation ou
mettre la bière en levain.

Lorsque la bière est prête à
être mise en levain on en fait
couler dans la cuve, qu'on appelle *cuve guilloire ;* on en fait
couler, dis-je, une certaine quantité, dans laquelle on jette de la
levure de bière, plus ou moins,
selon la quantité de bière qu'on

veut mettre en levain; la proportion ordinaire de cette levure
est un gallon (quatre pintes) sur
quatre barils de bière. Cette partie du procédé prend de dix-
huit à quarante huit heures, suivant l'état de l'atmosphère.

La dernière partie de l'opération est celle d'entonner la liqueur
de la cuve guilloire dans des
barils. Lorsque la fermentation est achevée il sort en abon-
dance, pendant quelques jours,
de la levure par le trou de la
bonde, et pendant cet espace de
temps il faut avoir soin de remplir les barils d'une nouvelle li-

queur. Lorsque les tonneaux ont cessé de jeter de la mousse ou de la levure, on les bondonne, et au bout de quelques semaines de repos la bière est potable.

La partie inférieure de la vignette représente une brasserie avec des barils prêts à être emmenés par le charretier.

Il n'y a rien de plus curieux que les immenses travaux de la brasserie de Cheswell-Street, la structure de la pompe à feu, et les opérations qu'elle exécute. C'est avec le secours de son mécanisme que s'effectue le procédé de jeter, tremper, de porter la drèche au grenier, et de remplir de bière les barils.

La drèche s'emploie aussi pour la distillation des liqueurs spiritueuses ; on la fait fermenter dans l'eau lorsqu'elle a passé au moulin, et on la met dans un alambic rempli aux trois quarts. Dans cet état le mélange prend le nom de matière ; on fait un feu vif sous la chaudière ou l'alambic, jusqu'à ce que la matière soit prête à bouillir ; on fixe alors le chapiteau à l'alambic, et on le lute au serpentin dans le réfrigérant ; on diminue l'action du feu, et l'esprit commence à couler. Le premier produit se nomme petites eaux, que l'on distille une seconde fois, et dont on fait de l'eau-de-vie de grain pur.

Les distillateurs mêlent avec l'eau-de-vie de grain du genièvre, de l'anis, et distillent de nouveau ce mélange, dont ils font de l'anisette et autres liqueurs, qui, quoique reconnues utiles dans certains cas en médecine, ne manquent jamais d'affaiblir le tempérament lorsqu'on en fait sa boisson journalière.

Les distillateurs obtiennent une grande quantité d'esprit du sucre et de la mélasse par le même procédé qu'ils emploient pour en extraire de la drèche ; ils sont obligés de recourir à ces substances dans les années où les plantes céréales sont rares. Les revenus de l'état tirent un grand bénéfice des distilleries ; mais l'usage des liqueurs spiritueuses est contraire aux mœurs et à la santé du peuple.

Le rhum s'obtient par la distillation du sucre et de la canne dans les Indes occidentales. Celui qui se vend en Europe est très-adultéré avant de parvenir au consommateur.

L'eau-de-vie s'extrait du vin

par la distillation ; celle de France est réputée la meilleure de l'Europe, à raison de la qualité supérieure des vins de ce pays. Les eaux-de-vie de Bordeaux, de la Rochelle, d'Orléans et de Cognac passent pour les meilleures. L'eau-de-vie distillée une seconde fois se nomme esprit-de-vin, et cette liqueur, après une autre distillation, prend le nom d'alcohol pur, ou d'esprit rectifié.

L'eau-de-vie, dans son état de grande pureté, est sans couleur, et elle tire sa teinte jaune de la matière colorante des nouvelles futailles. Quand elle n'acquiert pas cette nuance de cette manière, les marchands de liqueurs la colorent artificiellement, pour faire croire qu'elle est vieille.

La profession de brasseur a donné naissance aux expressions figurées suivantes : brasser signifie figurément *pratiquer, tramer, négocier secrètement.* On dit proverbialement d'un portrait, d'un tableau mal fait et mal peint, qu'*il n'est bon qu'à faire une enseigne à bière.*

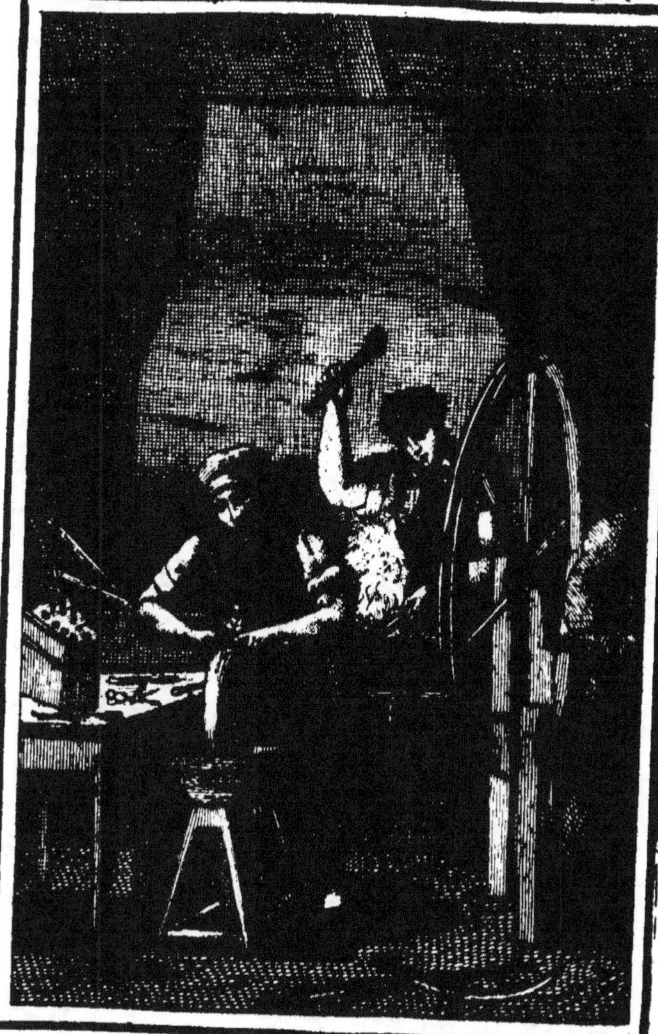

Le Coutelier.

LE COUTELIER.

LE coutelier fait des couteaux, des fourchettes, des rasoirs, des ciseaux, et toutes sortes d'instrumens tranchans. Le principal talent de cette profession est de donner à l'acier le degré qui lui convient, et pour lequel on ne peut fixer de règles certaines, attendu qu'il ne peut s'acquérir que par la pratique.

Les principaux endroits de ce pays où il se fabrique de la coutellerie sont Birmingham et Sheffield, et il se fait dans ces deux villes des ouvrages à meilleur compte que dans tous les autres pays de l'Angleterre. A Londres la coutellerie se vend beaucoup plus cher que celle faite en province, quoiqu'elle ne soit peut-être pas meilleure, mais parce qu'elle est mieux finie. On prétend néanmoins que les couteliers de la capitale impriment souvent leurs noms et leurs

marques sur des ouvrages fabriqués à Birmingham ou à Sheffield,
et que par ce moyen ils les ven-
dent comme des marchandises de
Londres.

Les lames des couteaux et
autres instrumens tranchans se
forgent au feu, et quand elles ont
reçu la forme qui leur convient
on les trempe, on les repasse, on
les polit et on y met des manches.

L'homme représenté dans le
fond de la vignette est supposé
forger quelque instrument, tandis que l'autre, qui est sur le
devant, est occupé à repasser
un couteau sur la meule, que

fait tourner l'ouvrier qui est à la roue.

On voit à terre deux fers de patins et deux lames d'épée. La fabrication des patins fait une partie considérable de l'occupation du coutelier dans des hivers rigoureux, et dans quelques fortes boutiques de cette profession on fait des montures d'épée ; mais ce travail n'est pas ordinairement du ressort du coutelier. Les lames d'épée viennent presque toutes de l'étranger ; on les forge au marteau et avec le secours de moulins à eau. C'est de cette manière que se font les célèbres épées de Vienne. En Angleterre le coutelier ne s'occupe que de les monter et de faire les fourreaux ; la dépense à laquelle s'élève ce travail est quelquefois très-considérable ; il est des poignées d'épée qui coûtent de 150 à 300 livres sterling. Plusieurs de ces dernières ont été depuis quelques années offertes par la *Société des fonds patriotiques,* qui s'est formée dans le dessein de récompenser les militaires distingués.

La fabrication des rasoirs est une autre partie du travail du coutelier. Comme l'opération de se raser est très-pénible pour certaines gens, les couteliers, dans différens pays, ont employé tout leur savoir pour triompher de cette difficulté, mais sans un succès bien décidé. On a cependant imaginé à cet effet des rasoirs à rabot; ces rasoirs ont un fût de bois.

Les lames des rasoirs à rabot doivent être plus minces du dos que celles des rasoirs ordinaires. Le biseau du dos est large et tiré bien régulièrement sur la meule, afin qu'il puisse couler avec égalité dans la case de la chape ou du fût. On donne un trait de scie dans le milieu de la chape pour loger le dos de la lame ; cela fait, on lime le bois pour le réduire à une hauteur convenable.

On se sert alors d'une petite gouge pour pratiquer une gouttière tout le long de la chape, à l'effet de donner à la barbe et au savon la facilité de sortir. L'ébène est le bois que l'on doit employer de préférence pour faire ces châsses.

La bonté des lames de rasoir ne dépend pas toujours de leur prix, et on en a vu qui ne coûtaient qu'un scheling couper aussi bien que celles que l'on achète dix fois plus cher.

Les manches des rasoirs se font de corne, d'écaille et d'ivoire.

Les couteliers fabriquent des couteaux et des ciseaux de luxe, c'est-à-dire à lames, à branches et garniture en or.

Les manches de couteau, qui en général sont d'ébène, de bois rose, de palixandre, de corne marbrée, d'écaille et d'ivoire, se polissent avec le charbon de bois blanc, le blanc d'Espagne, le tripoli, la pierre ponce, l'émeri, le rouge d'Angleterre et la potée d'étain.

La forme des lames de couteau varie suivant les pays ; il en est dont l'extrémité se termine en pointe, d'autres qui l'ont arrondie. Cette dernière forme est généralement adoptée en Angleterre, parce que la lame d'un couteau arrondie tient lieu de cuiller, et qu'elle expose les enfans et même les grandes personnes à beaucoup moins d'accidens que celle qui se termine en pointe.

L'ouvrier qui fait des instrumens de chirurgie est une autre espèce de coutelier; il se sert du meilleur acier, met plus de soin à finir ses instrumens, et leur donne un plus beau poli que le coutelier ordinaire. Il est bon d'observer ici que l'on doit humecter d'huile tous les instrumens de chirurgie avant de s'en servir, à l'exception de la lancette à opérer l'inoculation.

La profession du coutelier est très - lucrative. Dans les boutiques bien achalandées un ouvrier est occupé un des jours de la semaine à repasser les couteaux, canifs, grattoirs et ciseaux, et le produit de ce travail défraie la maison de ses dépenses.

La profession du coutelier, les

ouvrages qu'il fait et les matières qu'il emploie, ont donné lieu aux expressions proverbiales suivantes :

On appelle proverbialement **et populairement** une femme fine et rusée *une bonne lame, une fine lame.*

On dit figurément *mettre couteau sur table,* pour dire *donner à manger;* ou dit familièrement que des gens sont *aux épées et aux couteaux* quand ils sont en grande querelle, en grande inimitié ou en grand procès.

On dit proverbialement et figurément de celui qui dit du bien ou du mal de la même personne, c'est un *couteau de tripière*, un *couteau à deux tranchans*, un *couteau qui tranche des deux côtés*.

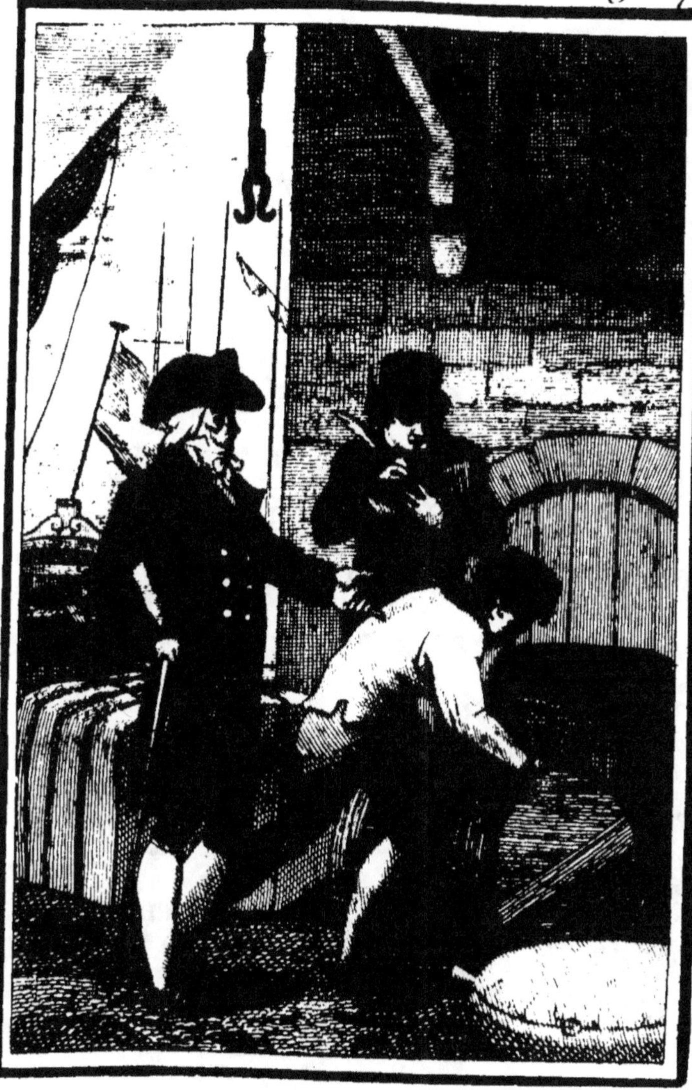

Le Négociant .

LE NÉGOCIANT.

Le négociant est un homme qui tient un commerce en gros ou qui importe ou exporte des marchandises.

Il faut pour exercer la profession de négociant jouir d'un grand crédit, posséder un grand fonds de connaissances et des capitaux considérables.

Le négociant doit savoir parfaitement écrire, connaître les règles de l'arithmétique et la tenue des livres.

Il doit posséder la manière de rédiger des mémoires, de faire des factures, savoir la forme des connaissemens, et être familier avec le code des douanes de tous les pays.

Il faut qu'il soit instruit de la différence et des rapports qui existent entre les monnaies, les poids et les mesures des contrées avec lesquelles il commerce, ainsi que de ceux des différens districts de son pays; il doit avoir une connaissance exacte des fabriques où se confectionnent les articles qu'il vend, ou du moins les endroits où ils se fabriquent, et les matières dont ils se composent.

Il est essentiel qu'il soit instruit du moment favorable pour mettre en vente ses marchandises, et qu'il soit informé de la nature du change suivant le cours des différentes places, ainsi que des causes de sa diminution ou de son augmentation, et il ne doit pas ignorer quels sont les objets prohibés ou permis à la sortie des royaumes où elles sont fabriquées. Il est nécessaire qu'il connaisse les droits auxquels sont soumises l'importation et l'exportation des marchandises d'après les usages des places où il commerce; il faut qu'il soit au fait de la meilleure méthode d'emballer les articles sur lesquels il spécule, soit pour les conserver dans des magasins ou pour les mettre en état de soutenir sans avaries des voyages de long cours. Il est bon qu'il connaisse le prix et les conditions du fret, ainsi que de l'assurance des navires et des marchandises dont ils sont chargés.

Si les navires ou une partie de ces bâtimens lui appartiennent, il est indispensable qu'il en sache la valeur, ainsi que les dépenses de leur construction et de leurs réparations, les appointemens donnés tant aux officiers qu'aux marins qui les font manœuvrer, et la meilleure manière de les engager à son service; il faut qu'il soit en état d'écrire des lettres avec facilité et avec élégance, et d'entendre plusieurs langues; les suivantes sont celles qu'il lui est le plus important de savoir : *l'espagnol,* qui se parle non-seulement en Espagne, mais encore sur la côte d'Afrique, depuis les Canaries jusqu'au Cap de Bonne-Espérance ; *l'Italien*, qui est en usage non-seulement sur les côtes de la Méditerranée, mais encore dans plusieurs contrées du Levant ; *l'allemand*, avec lequel tous les pays du nord sont familiers ; et le *français*, que l'on parle dans presque toutes les contrées de l'Europe. Enfin un négociant doit connaître les lois, les coutumes et les règlemens des pays avec lesquels il commerce ou peut un jour commercer.

Telles sont les connaissances

nécessaires à celui qui veut étendre ses relations commerciales à des pays éloignés. Un jeune homme qui se destine à la profession de négociant doit d'abord fonder la base de ses succès sur une bonne éducation ; il doit ensuite, pendant qu'il est commis, se préparer à faire le commerce pour son compte, ou à être l'associé d'une maison solidement établie.

Le commerce qui se fait dans ce pays par des marchands et négocians peut se diviser en *intérieur* et en *extérieur*. Les principaux articles importés dans

Londres des autres parties de cette île sont le blé, le charbon de terre, le houblon, la laine, le coton et la toile. Le blé et le houblon sont vendus par des courtiers de commerce; les étoffes de laine y sont apportées par des fabricans de draps. Cette capitale tire la toile d'Irlande et d'Ecosse, et les calicots de Manchester.

Les commissionnaires sont des espèces de négocians qui se chargent de vendre moyennant une certaine rétribution, les marchandises que d'autres personnes leur donnent en consignation. Ainsi, un fermier, ayant sa résidence à la campagne, a mille setiers de blé qu'il veut vendre au marché de Londres; il n'a pas la commodité de se rendre dans cette ville; il envoie en conséquence son grain à un commissionnaire, qui le vend pour lui, en reçoit l'argent, et le remet au fermier, après avoir déduit son droit de commission pour ses peines et ses dépenses.

Les marchands qui font le commerce avec les îles des Indes occidentales exportent en temps de paix, d'Angleterre pour ces contrées, des étoffes, des meubles, des tapis, de la coutellerie,

de la quincaillerie, de l'horloge-
rie, de la bijouterie, et quelques
marchandises qu'ils ont été chercher dans les Indes orientales,
ainsi que des vins de France,
de la toile, etc. Les retours de
l'Amérique consistent dans du
rhum, du sucre, de l'indigo, de
l'acajou et du bois de campêche.

Nos marchands tirent des
Etats-Unis du tabac, du riz, de
l'indigo, du bois de charpente,
du fer, de la poix et du goudron;
ils y portent en retour les mêmes
articles qu'aux îles des Indes
occidentales.

Ils importent des Indes orientales et de la Chine en Angleterre du thé, du riz, des drogues, des couleurs, de la soie, du coton, du salpêtre, des schals et autres étoffes ; mais les exportations pour ce pays consistent principalement en argent monnayé.

Dans la vignette on voit le marchand occupé à recevoir des tonneaux de sucre et de rhum, ainsi que des balles de coton qui viennent d'être déchargées d'un vaisseau des Indes occidentales. Le commis prend note des choses qu'on lui remet ; on voit derrière lui un ballot de toiles prêt pour l'exportation. Comme le dessin de la vignette a été pris d'un des magasins situés sur les bords de la Tamise, on a dans le fond du tableau une perspective éloignée d'une foule d'embarcations.

Les marchands ont beaucoup d'affaires à traiter avec la douane ; nous allons en donner ici un aperçu : le rhum, le sucre, et presque tous les autres articles importés paient certains droits à l'entrée avant qu'on puisse les en retirer. Beaucoup d'articles fabriqués dans ce pays, tels que le verre, le cuir, l'acier, etc., sont grevés de taxes considérables; mais pour encourager le commerce, le Gouvernement restitue le montant ou du moins une partie de ces taxes lorsque ces articles sont exportés à l'étranger; ces restitutions se nomment *primes*. Les marchands ou leurs commis vont donc à la douane déclarer, sous la foi du serment, la quantité et la qualité des marchandises qu'ils ont exportées pour en obtenir la prime accordée par l'administration des douanes.

La qualité de négociant a des honneurs et des prérogatives extraordinaires en Perse; aussi ce nom ne se donne-t-il pas aux gens qui trafiquent de menues denrées , mais seulement à ceux qui entretiennent des commis et des facteurs dans les pays éloignés. Ces personnes sont souvent élevées aux plus hautes charges, et c'est parmi elles que le roi de Perse choisit des ambassadeurs.

Les *banquiers*, quoiqu'ils ne soient pas à proprement parler des marchands, ont tant de relations avec le commerce, qu'ils réclament ici notre attention : un banquier est un homme qui jouit de la confiance du public, et sa

maison est un dépôt d'argent.
Voici comment on peut définir
la profession et les bénéfices d'un
banquier: un marchand ou un par-
ticulier qui a chez lui une somme
considérable, la place pour
sa propre sûreté sous la garde
d'un banquier, sur lequel il tire
suivant ses besoins et quand il lui
plaît. Le banquier, qui a ou doit
avoir une fortune considérable,
sait que les différentes personnes
qui ont placé de l'argent chez lui
ne le retireront pas tous à la fois;
il prête en conséquence, sur de
bonnes sûretés, les sommes dont
il croit pouvoir se passer pour

satisfaire à ses demandes jour-
nalières, et c'est de ces sommes
prêtées, pour lesquelles il reçoit
cinq pour cent, que proviennent
ses bénéfices.

Le banquier spécule aussi sur
le change, c'est à dire en tirant
d'une place sur une autre. Si,
par exemple, je dois à un homme
en Hollande mille florins, que
j'ai promis de lui payer à une
certaine époque, il faut que je
m'adresse à un banquier, auquel
je paie les florins ou leur équi-
valent en livres sterling, et il
me donne sur son correspondant
en Hollande une traite que je

remets à la personne envers laquelle je suis débiteur.

Les assureurs sont des espèces de marchands qui assurent des marchandises d'un port à un autre pour une certaine prime. Si j'ai un vaisseau fretté pour les Indes orientales je cours le risque de le perdre en mer, et, si c'est en temps de guerre, de le voir pris par l'ennemi. Je vais donc trouver un assureur, et, moyennant une certaine somme que je lui compte, il s'engage à me rendre la valeur du vaisseau et de ce qu'il contient dans le cas où il ferait naufrage ou serait capturé par l'ennemi.

Pour en revenir au négociant, nous ne pouvons trop faire observer ici qu'il doit posséder une infinité de connaissances, et chercher à s'instruire des choses qui ont le plus de vogue dans les pays avec lesquels il est en relation d'affaires; il ne peut par conséquent pas ignorer que les articles qu'il doit le plus rechercher en France sont les vins, la soierie, la porcelaine, les tableaux, la librairie et les bronzes. Cette dernière partie doit d'autant plus fixer son choix que la

France, par le grand nombre des personnes qui excellent dans l'art de dessiner, de modeler et de ciseler, peut donner des objets en ce genre, faits avec beaucoup de goût, a bien meilleur marché qu'en Angleterre; nous en citerons un exemple pris entre mille :

La lampe docimastique, qui a été inventée en France, et que l'on a imitée en Angleterre, se vend à Londres de neuf à dix guinées lorsqu'elle est à serre et à cou d'aigle, tandis qu'en France elle est d'un prix infiniment plus modéré. Nous allons joindre ici l'instruction sur la manière de se servir de cet instrument dans les termes mêmes du brevet d'invention accordé à son inventeur.

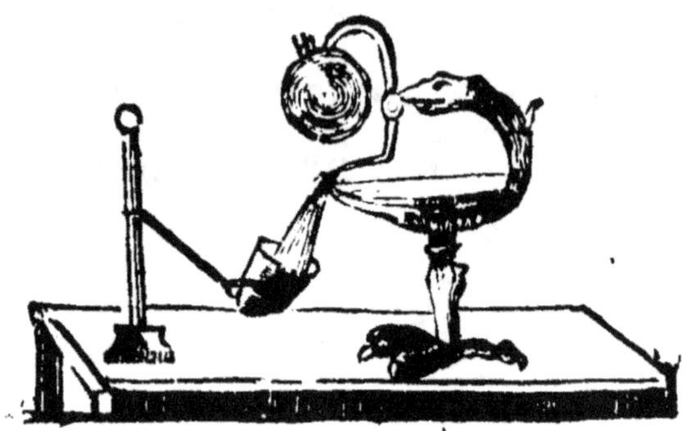

LAMPES DOCIMASTIQUES.

INSTRUCTION.

La lampe docimastique consiste dans une application aussi simple que neuve de l'éolipyle, dont l'ajutage replié sous lui-même, ou introduit dans la capacité du digesteur, projette la vapeur de l'esprit-de-vin qu'il contient contre la flamme d'une lampe au-dessus de laquelle l'éolypile est tenu suspendu. La flamme de la lampe, ainsi mêlée avec la vapeur de l'éolypile, forme un dard très-vif et si pénétrant, que, s'il est dirigé avec le tube horizontal contre un vase de la contenance d'un demi-litre (chopine), il met l'eau qu'il renferme en ébullition dans l'espace de deux minutes. Si l'on rend ce tube oblique, d'horizontal qu'il était, ce qui se fait en changeant l'extrémité de l'ajutage, on peut imprimer à la flamme une direction ascendante, ou la faire plonger dans un creuset, et alors le charbon qu'elle allume rend avec usure à l'éolipyle toute la chaleur qu'il en reçoit ; il naît de cette restitution mutuelle un souffle si violent qu'on ne peut s'en faire une véritable idée sans avoir vu l'expérience. L'usage le plus habituel des ajutages à courbure horizontale et ondulée est d'opérer la prompte ébullition des liquides ; mais on peut aussi les employer à la manipulation du verre et des émaux.

Si, quand le premier fait la fonc-tion de chalumeau, on éteint la lampe, et qu'on présente devant son orifice une chandelle ou une bougie allumée, ou, ce qui re-vient au même, si l'on réduit la mèche de la lampe au plus petit filet possible en fermant presque entièrement la coulisse, on voit aboutir à l'extrémité inférieure de l'ajutage une goutte d'esprit-de-vin, produit de la vapeur qui s'est refroidie dans le trajet du tube; cette goutte est suivie d'une infinité d'autres qui s'allument successivement, et forment par leur série continuelle une lance bleue, laquelle dure cinq à six heures, en supprimant même le petit filet de mèche qui avait servi à les allumer. Cette lance bleue est très-propre à l'entretien de l'ébullition de l'eau, à la soudure des ouvrages délicats, comme le jaseron et la chaînette, et à la fabrication des perles fausses. Elle réunit à ces différens avantages celui d'être singulièrement commode, en ce qu'il suffit de la détourner du vase contre lequel la lance est dirigée, pour la faire servir de veilleuse ; et que, si l'on veut avoir quelque liquide bouillant,

il n'est besoin ensuite que de ra-
mener cette lance contre le vaisseau qu'on veut échauffer.

En employant le tube à courbure ondulée on obtient une
flamme obliquement ascendante,
et qui sert à chauffer les vaisseaux en-dessous.

La lampe docimastique se prête
aux formes les plus élégantes;
celle que l'éditeur de cet ouvrage
a adoptée est la plus simple et la
plus commode; elle est modelée
sur la lampe antique de *Psyché,*
dominée par un serpent ou par
un cou d'aigle dont le bec tient un
foudre : une portion de ce foudre

sert de bouton de pression pour mettre l'éolipyle qui le traverse à la hauteur que l'on désire.

Il est bon d'observer, relativement à l'usage de cette lampe,

1°. Qu'il ne faut emplir l'éolipyle qu'aux trois quarts, de peur que l'esprit-de-vin mis en ébullition ne passe sous la forme liquide par l'ajutage;

2°. Qu'on peut alimenter la lampe d'esprit-de-vin ou d'huile. Le premier de ces liquides a sur l'autre l'avantage de ne pas noircir les vaisseaux.

3°. Qu'il faudrait avec cet instrument employer de préférence

des vaisseaux d'une forme apla-
tie, parce que le dard, en s'écra-
sant contre un plan, y imprime
une espèce de soleil, dont le
disque prend beaucoup plus
d'étendue que sur les vaisseaux
cylindriques ; il est bon aussi
que ces vaisseaux soient cou-
verts.

4°. Que si l'on désire souder
quelques pièces métalliques peu
volumineuses, telles qu'une clef
de nécessaire ou de portefeuille,
une pointe de compas, une plume
d'argent, une épingle de che-
veux, il faut aviver avec une
lime les deux extrémités de la

brisure, puis les réunir avec un fil de fer recuit, et les soumettre à l'action de la lance de feu, après les avoir saupoudrées de borax mouillé, et y avoir appliqué un feuillet de soudure d'argent, ou quelques grains de soudure de zinc. Lorsque la soudure coule, ce qui n'exige que l'espace d'une demi-minute, il faut retirer la pièce, et l'opération est finie.

5°. Qu'il est essentiel de tenir le guéridon, dont la lampe à griffe doit toujours être accompagnée, à une hauteur telle que le dard puisse donner précisément contre le centre du vaisseau qu'il supporte et qu'on veut échauffer.

6°. Que, lorsque l'orifice inférieur de l'ajutage se trouve obstrué, ce qui n'arrive qu'autant qu'on emploierait de l'esprit-de-vin d'une mauvaise qualité, il faut souffler la lampe, et ne point laisser jouer inutilement la soupape de sûreté pratiquée au dôme de l'éolipyle, laquelle ne doit agir que dans les opérations docimastiques, qui exigent une chaleur considérable. Pour déboucher l'ajutage il suffit d'employer un fil d'archal qui soit

assez tenu pour ne pas en agran-
dir l'orifice , qu'on diminue à
volonté en frappant dessus avec
une clef ou le dos d'un couteau.

7°. Que, lorsqu'une fois le dard
de la flamme a pris de l'activité,
on peut modérer ou augmenter
sa chaleur en reculant ou en
ramenant la coulisse de la lampe.

8°. Que, plus la mèche dé-
passe le bec de la lampe, plus
le dard acquiert d'énergie.

9°. Que quand la lance de feu
ascendante se trouve tranchée,
c'est une preuve que l'éolipyle
éprouve trop de chaleur, et que
la vapeur qui s'en échappe trop

rapidement n'a pas le temps de s'allumer à sa naissance. Il est bon dans ce cas de modérer le feu de la lampe en ramenant la coulisse sur les trois quarts de la mèche.

Nous ajouterons ici, pour fixer l'attention sur l'utilité de la lampe docimastique, qu'elle offre aux gens peu aisés une économie essentielle dans beaucoup de cas, en ce qu'avec une dépense d'un centime et demi ils peuvent, sans cheminée, faire bouillir une cafetière de deux tasses en une minute, effet que l'on n'obtien-drait pas à ce prix et aussi promptement avec du charbon ou de la braise. Cette lampe est indispensable pour les voyageurs aisés, qui peuvent la placer dans leur nécessaire, et s'en servir même en voiture pour faire leur thé ou leur café, en se munissant d'un briquet ou d'une pâte phosphorique : que dans l'été surtout, où il est désagréable d'allumer du feu, cet instrument devient de la plus grande commodité, en ce qu'il remplace les réchauds ou les fourneaux les plus actifs ; que, donnant toujours une flamme égale, il dispense les personnes qui s'en servent de toute espèce de soins, et même de leur présence pendant deux heures, si elles tiennent la mèche de la lampe allumée, et pendant cinq cinq si elles l'éteignent, c'est à dire si elles n'ont besoin que de l'entretien de l'ébullition des liquides par la lance bleue dont nous avons parlé.

Pour ne taire enfin aucun des avantages de cette lampe, nous observerons qu'elle peut faire meuble de cheminée ou de console, en ce qu'elle prête par l'élégance de sa forme à toutes les richesses du luxe, qu'elle parfume l'appartement où on l'al-

lume, et, ce qui est bien précieux, que principalement avec
de l'esprit-de-vin elle ne présente aucun danger pour le feu,
même quand elle est abandonnée
à elle-même. La vérité de cette
assertion sera facile à sentir si
l'on considère que l'emploi de
l'esprit - de - vin dans la lampe
empêche que la mèche ne char-
bonne, et que, vînt-elle par conséquent à être soufflée, il ne
subsisterait aucune trace de feu
ni de la part de l'éolipyle, ni
de celle de la lampe, et par conséquent point de flammèches,
point d'étincelles à redouter.

Observations générales.

Plus la lampe est près du vase contre lequel la lance de feu est dirigée, plus le liquide est prompt à entrer en ébullition ; mais il est à remarquer que le plus petit dard peut entretenir cette ébullition, et même de fort loin.

Le dard, en frappant contre le vase, échauffe très-promptement le liquide, mais les couches supérieures en sont bouillantes, tandis que le fond du vaisseau est encore froid, de sorte qu'un vase qui aurait deux robinets pourrait fournir simultanément de l'eau chaude et de l'eau froide. Ce phénomène, qui provient de ce que les parties du métal, se trouvant exposées à un choc trop subit et trop isolé, n'ont pas le temps de contracter toutes le même degré de chaleur et de se mettre à l'unisson, procure un avantage assez précieux ; c'est de permettre de tenir un vase d'argent par le pied, pendant qu'il bout, sans qu'on se brûle.

La lance de feu enfin, quand on emploie de l'esprit-de-vin, n'imprime qu'une légère trace sur les vaisseaux d'argent, mais

elle n'en laisse absolument aucune sur les vaisseaux d'étaim
ou de fer blanc, pourvu toute-
fois qu'on ait la précaution de
les tenir pleins.

~~~~~~

LAMPE MÉCANIQUE.

———

Les lampes à courant d'air, dont l'invention appartient à M. Argant, ayant produit dans l'art de s'éclairer une révolution que le temps ne peut qu'affermir, surtout depuis la découverte de la cheminée de verre par M. Lange, nous allons parler de la lampe mécanique
~~~~~~

de feu M. Carcel, qui nous paraît y avoir ajouté un grand degré de perfection.

Le mérite de cette lampe consiste dans le moyen que feu M. Carcel a imaginé de faire monter l'huile au moyen d'une pompe mise en mouvement par un ressort. Cette invention présente des avantages très réels en ce que la mèche, continuellement abreuvée, n'est jamais dans le cas de se charbonner faute de cet aliment, et que la flamme, toujours éloignée des bords du cylindre qui renferme la mèche, ne peut ni le calciner ni y dé-

poser cette croûte d'huile durcie qui altère si souvent l'effet des lampes ordinaires.

Cette lampe peut facilement servir de réchaud économique pour les usages domestiques et pour la plupart des opérations de chimie, même par la voie sèche.

L'exécution du procédé employé par M. feu Carcel n'était pas sans difficulté; la plus grande était sans doute de communiquer le mouvement des rouages dans le réservoir de l'huile où devaient jouer les pistons, sans qu'il pût donner lieu à la moindre filtration de ce fluide si pénétrant, qui n'aurait pas tardé à se répandre dans la cage des rouages, et de là sur tout ce qui se serait trouvé à portée d'être souillé par cet écoulement.

La classe des Sciences physiques et mathématiques de l'Institut, dont le rapport nous fournit une grande partie de cette description, a examiné avec soin tout le mécanisme de la lampe de feu M. Carcel, et il lui a paru que, soit par le choix des matières, soit par la disposition des pièces et la combinaison des forces et des résistances, l'inventeur était parvenu à surmonter toutes les difficultés pour en rendre l'usage aussi sûr que l'effet en est riche en lumière.

Son éclat est tel que l'on est souvent obligé de le tempérer, surtout dans les appartemens resserrés et pour les vues délicates ; mais ce serait se plaindre du degré de perfection atteint que d'en faire un reproche à ceux qui en ont imaginé les moyens. Ici, comme dans tous les arts qui consomment pour produire, on éprouve toujours bien plus le défaut de puissance que le défaut de régulateurs pour en modérer l'action. Il est facile de se défendre de la vivacité de cet éclat en entourant la lumière d'une gaze blanche, ou encore mieux d'une teinte bleuâtre qui dérobe à l'œil l'aspect de la flamme, ou enfin en masquant sa flamme par un verre dépoli.

La lampe de feu M. Carcel ayant, comme on le voit dans la vignette, la forme d'une colonne à base équilatéral, il est aisé de voir qu'elle est susceptible de beaucoup d'ornemens tant au pied qu'au fût, et que par con-

séquent èlle joint l'agrément à
l'utilité.

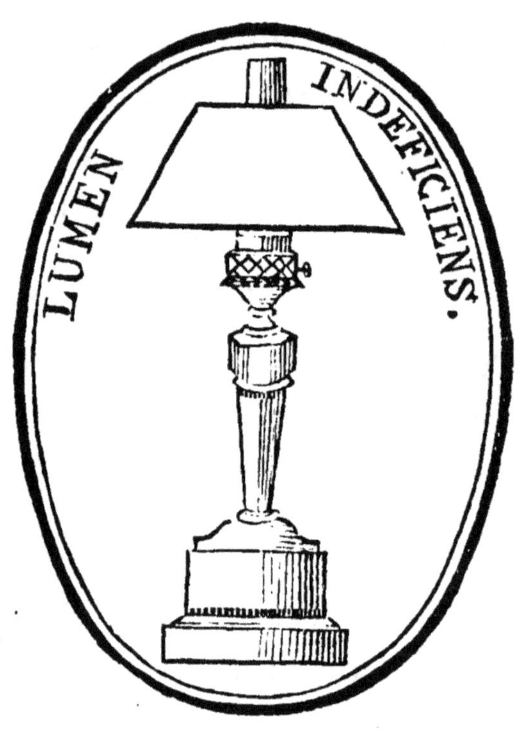

FIN.

TABLE

DES PROFESSIONS

DÉCRITES

DANS CE VOLUME.

FIN DE LA TABLE.